AF224586

44.

Lb 578.

LETTRE

A SON ÉMINENCE,

MONSEIGNEUR LE CARDINAL

MAURY,

Sur son Mandement pour ordonner qu'un Te Deum soit chanté solennellement dans la Métropole, ainsi que dans toutes les Eglises de la ville et du diocèse de Paris, conformément aux pieuses intentions de Sa Majesté l'Impératrice Reine et Régente.

Eh! quoi, Mathan, d'un prêtre est-ce là le langage?

ATHALIE.

PAR L. M. D. L. M. F.

PARIS,

J. G. DENTU, IMPRIMEUR-LIBRAIRE,

Rue du Pont de Lodi, n° 3 , près le Pont-Neuf.

1814.

LETTRE

A SON ÉMINENCE,

MONSEIGNEUR LE CARDINAL

MAURY,

Sur son Mandement pour ordonner qu'un Te
Deum *soit chanté solennellement dans la Métropole, ainsi que dans toutes les Eglises de la
ville et du diocèse de Paris, conformément
aux pieuses intentions de Sa Majesté l'Impératrice Reine et Régente.*

> Eh ! quoi, Mathan, d'un prêtre est-ce là le langage?
>
> ATHALIE.

Monseigneur ,

Avant de lire les mensonges que vous venez de prononcer
dans cette chaire de vérité où jadis vous avez rencontré la
gloire en ne cherchant que la fortune (1), avant d'observer la

---

(1) L'abbé Maury était répétiteur de collége, et vivait dans la misère, quand ses talens oratoires le firent connaître de l'abbé de Boismont.
Ce fut ce vieux académicien, prédicateur du roi, qui commença sa
fortune en lui résignant un gros bénéfice. Destiné à le remplacer à

conduite que vous avez tenue depuis l'apostasie que vous avez mendiée, avant votre chute enfin, j'étais déjà convaincu qu'il est un point d'élévation dans la vie d'où l'homme, que la vertu ne soutient pas, est obligé de redescendre; mais en remarquant cette dégradation qui appartient à l'humanité, jamais l'histoire ne m'avait révélé l'excès d'humiliation auquel un cardinal, un prince de l'église romaine, pouvait arriver. Satan, précipité du ciel, conserve encore quelque dignité au fond de l'abîme; si, comme vous, il est le plus grand des ingrats; si, comme vous, à force d'orgueil il étouffe sa propre renommée, il menace du moins, et ne rampe pas.

Non, Monseigneur, il n'appartient qu'à vous seul, **de** monter et de redescendre en si peu d'années tous les échelons qui composent l'opinion et la société; pour vous élever aussi haut, pour retomber aussi bas, il fallait cet équilibre de talens et de vices, de génie et de perversité, qui n'existe peut-être que dans votre esprit et dans votre cœur.

Mais, n'espérez pas, Monseigneur, que votre avilissement soit d'un contagieux exemple; dans cette foule de crimes que toutes les passions des hommes ont mis en jeu, parmi ces ambitieux de toutes espèces, ces fanatiques de tous les partis, nul n'a droit de prétendre à être aussi coupable que vous. **La** place que vous avez choisie restera unique dans l'histoire, et si l'Europe a jamais l'honneur de reproduire un second poëte comme le Dante, un genre de supplice, inconnu à l'imagination des hommes, sera sans doute dans son enfer, la récompense que le génie décernera à l'ingratitude. **Vous**

---

l'académie, on assure que l'abbé Maury, plus occupé, pendant la dernière maladie de son bienfaiteur, de son discours de réception, dans lequel devait entrer l'éloge historique du défunt, que de sa mort, se pressait de lui faire des questions et de recueillir de la bouche du mourant quelques anecdotes de sa vie, lorsque celui-ci, pénétrant son projet et son ingratitude, lui dit d'une voix éteinte : « Finis, l'abbé, il y a assez long-temps que tu me prends la mesure. »

avez voulu atteindre aux deux extrémités de cette longue chaîne de gloire et d'infamie qui lie les temps où vous avez combattu pour la religion , aux temps où vous priez. pour son persécuteur ; des derniers rangs de la société , élevé aux premières dignités de l'église ; du poste le plus éminent où l'opinion puisse porter un homme ; de ce point enfin où l'envie ne pouvait même plus vous atteindre , vous vous êtes précipité chargé de vingt années d'hypocrisie.

Monseigneur, il n'appartient qu'à vous, d'apprécier. tout ce qu'il y a d'extraordinaire dans ce double usage de vos talens et de votre caractère, et sans doute votre amour propre pouvait seul trouver dans cette puissance de se créer une réputation et de la détruire , une jouissance qui nous est inconnue.

Mais ce qui doit nous consoler pourtant de ne pas atteindre à de pareilles combinaisons , c'est de voir votre éloquence déchoir en raison de votre égarement , vos talens s'avilir comme votre cœur , et votre esprit s'éteindre dans les ténèbres de l'apostasie , encore plus vite que votre génie ne s'était allumé au flambeau de la religion.

Oui , Monseigneur , vous aviez des talens à l'époque où vous saviez en faire un bon usage. A défaut de cette éloquence brûlante que donne seule la persuasion , vous saviez, sur un terrain ferme , élever un élégant édifice. Panégyriste de St.-Louis (2), l'ambition de vous asseoir un jour au sein de l'académie française , vous avait donné les talens nécessaires pour charmer cette assemblée ; ce qu'un orateur purement chrétien aurait pensé du plus grand des rois, du plus religieux des hommes , du plus brave des héros de ces temps presque fabuleux , vous l'avez dit , inspiré par cette

---

(1) L'usage était en France, avant la révolution, de faire prononcer par quelque jeune orateur déjà célèbre, le panégyrique de St.-Louis devant l'académie française, le 25 d'août. L'abbé Maury, connu par plusieurs discours oratoires, eut l'honneur d'être choisi , et ce début décida de son talent et de sa fortune.

soif de briller qui vous a dévoré pendant vingt années. C'est le besoin d'échapper à l'oubli pour arriver à la fortune, qui vous a fait vous jeter, à l'époque de la révolution, dans la carrière qui vous offrait le plus de chances ; et tandis que votre conscience avait l'air d'entraîner votre génie, tout chez vous était soumis aux calculs du plus sordide intérêt. Dépourvu de cette chaleur de sentiment, de cette onction touchante qui naît da la persuasion, ne pouvant y suppléer qu'à force d'art, comment avez-vous pu vous éloigner de ces bases éternelles sur lesquelles nos grands orateurs ont bâti des monumens durables ? Prédicateur sans moralité, prêtre sans foi, ministre des autels sans piété, mais profond littérateur et écrivain éminemment habile, comment a-t-il pu vous échapper que les sentimens religieux sont les sources inépuisables de la véritable éloquence ? Est-ce vous seul, Monseigneur, qui par des combinaisons de mots, avez pu vous élever jusqu'au sublime dans cette tribune d'où je vous ai vu tonner sur une immense assemblée, parce que la religion vous prêtait momentanément ses foudres ? Ces mouvemens oratoires, ces élans du génie, à qui les deviez-vous, si ce n'est à l'importance, à la vérité de vos sujets ?

Ah ! Monseigneur, quand vous planiez sur les esprits, quand vous attendrissiez tous les cœurs, votre force ne tenait pas, comme la force apparente de Samson, à un prodige ; mais comme sa force véritable, en votre confiance dans la bonté de votre cause. C'était elle qui vous prêtait le moyen de terrasser le lien, de combattre le Philistin ; ce pouvoir venait de la source de tous les pouvoirs. Celui qui vous avait donné vos talens vous les a repris, sa main s'est retirée de dessus vous, la fausse ambition a coupé le cheveu fatal, vous êtes tombé dans la faiblesse et dans l'aveuglement, et il ne vous reste, comme celui auquel je vous compare, qu'à renverser sur vous les voûtes de ce temple où vous faites régner l'impiété.

Un écrivain célèbre , en consacrant un ouvrage au génie
du Christianisme , me paraît avoir négligé le plus irrésistible
de ses argumens en faveur de la religion , et cet argument
c'est vous (1). Il fallait , Monseigneur, qu'il vous montrât
luttant à Paris contre l'infortune , sortant de l'obscurité par
l'éloquence de la chaire , vous ouvrant une immense carrière , la parcourant sur les ailes de la foi , et vous élevant
dans ses régions , pour en redescendre avec le titre de défenseur de l'église. Il fallait aussi qu'en rendant justice à votre
esprit , à votre talent d'écrire , il fît voir à quel point les discours où vous vous êtes surpassé vous-même , doivent leur
plus grande force aux vérités religieuses. Vous suivant dans
cette route où si rarement la fortune sert d'escorte à l'honneur , il fallait que le chantre du génie du christianisme ,
conduisît son vigoureux champion aux pieds d'un des plus
grands papes qui aient honoré la chaire de Saint-Pierre (2),
qu'il montrât l'orateur sacré , l'écrivain fleuri représentant le
chef de l'église auprès du chef de l'Empire germanique (3), et
quand il aurait expliqué tous ces prodiges, il fallait qu'il ajoutât:
« Tant d'honneurs et de renommée n'ont été obtenus que pour
la défense de cette religion , type sacré de tous les genres

---

(1) M. de Châteaubriand, en faisant voir dans son Atala tout ce que la
religion peut donner d'éloquence à un prêtre simple , à un missionnaire
rempli de foi, a sans doute produit un grand effet ; mais s'il avait fait
voir jusqu'où les vérités sublimes de l'évangile peuvent élever un orateur sans principes, peut-être aurait-il donné une preuve plus convain-
cante des ressources que les écrivains ont trouvées et trouveront toujours dans le Génie du Christianisme.

(2) L'abbé Maury, en quittant l'assemblée nationale , fut appelé à
Rome par Pie VI, qui lui donna le chapeau de cardinal, l'évêché de
Montefiascone , et le combla de bienfaits ; le grand pape fut mourir
quelques années après dans la captivité à Valence , convaincu mais trop
tard , qu'il n'avait fait qu'un ingrat.

(3) Au couronnement de l'empereur Léopold , en 1792, l'abbé Maury
eut l'honneur d'être nonce du pape à Francfort-sur-le-Mein.

de beautés , source où le génie puisa Polyeucte, Athalie ,
Esther, et où l'apostat que déshonore l'église qui l'avait tant
honoré, trouva le talent qu'il a perdu ; redescendez des hauteurs où vous l'avez perdu de vue dans le temps de sa gloire,
pour le suivre dans ce bourbier où il s'enfonce chaque jour ,
voyez son éclat s'effacer à mesure que son caractère s'avilit,
et convenez, en comparant l'appui du trône , le protecteur
des lois , le défenseur de la foi, au courtisan méprisé, à
l'archevêque schismatique, au cardinal impie , que le génie
du christianisme pouvait seul enfanter de pareils miracles. »

Mais , Monseigneur , si vous avez servi la religion, sans
jamais avoir été religieux, c'est pourtant la force des grandes
et primitives idées que vous aviez à défendre, qui seule vous
a soutenu. La justice de votre cause vous poussait majes-
tueusement sur cet océan de lumières ; malgré vous, elle
enflait vos voiles, gouvernait votre pensée, et vous faisait
braver les écueils sur lesquels votre faux orgueil est venu
depuis se briser.

Que des autorités auxquelles vous ou votre mémoire serez
obligés de vous soumettre un jour , condamnent votre conduite scandaleuse; que l'église à laquelle vous appartenez,
vous juge; qu'elle vous range parmi ses prélats égarés , qui,
après avoir attiré sa confiance, ont déchiré son sein , je vous
livre à ses censures : c'est au panégyriste de Saint-Louis ,
c'est au membre élu deux fois par l'académie française , que
je veux essayer de prouver, combien la dépravation dans les
sentimens éteint le goût , étouffe le génie , et à quel point
les talens s'affaiblissent, à mesure que le caractère se dégrade.

Non, Monseigneur , pour l'honneur de la vérité, l'éloquence n'appartient pas à l'esprit, elle est l'appanage de
l'âme et sa plus noble faculté. L'émotion que vous éprou-
viez en montant à la tribune de l'assemblée nationale , la
certitude d'y être l'espoir d'un parti, l'étonnement de l'autre , le murmure flatteur des échos de l'Europe retentissant

à vos oreilles, la religion qui agrandissait vos pensées, tout contribuait à vous exalter. Persuadé de la fécoudité du sol que vous aviez à labourer, vous semiez dans ce champ d'honneur, sûr d'y récolter l'estime et les dignités : mais aujourd'hui quelle différence! attaché au char d'un tyran, courbé sous le joug, agenouillé comme le chameau qui attend son maître, c'est dans l'église de Notre-Dame, qu'il vous faut vous adresser à un peuple, qui déjà plusieurs fois vous y a accablé de ses mépris. La vérité est devant vous, et vous n'osez ni la consulter, ni l'entendre ! le sanctuaire de la religion est ouvert, et vous détournez les yeux ; ce n'est pas pour instruire, pour prier au nom de celui qui console, que vous allez parler, c'est pour flatter, pour tromper au nom de celui qui persécute. En vain les pères de l'église vous offrent, selon l'usage consacré, les expressions piéuses qui doivent servir de texte à vos onctions pastorales ; ce sont les paroles du tyran que l'adulation vous ordonne de préférer, et les premiers mots que vous prononcez dans la chaire de la religion et de la vérité, sortent de la bouche de l'impiété et du mensonge.

Confondant tous les genres, parce qu'on n'a plus de régulateur quand on n'a plus de conscience, vous parlez *d'oracle accompli*, dans un lieu où on ne prononça jamais le nom sacré de prophétie que sur les autorités tirées des saintes écritures, et vous osez faire voir *votre auguste monarque soutenu par la protection éprouvée du ciel*, présentant ses espérances à la nation *sous une garantie de vingt années de triomphes*, quand vous ne pouvez ignorer que le cours de cette prospérité vient d'être interrompu par des désastres sans exemple. Qui peut vous avoir donné l'audace d'avancer que la réputation de l'idole à laquelle vous sacrifiez dans le temple du vrai Dieu, *efface toutes les réputations de l'histoire ?* Est-ce Alexandre vainqueur de Darius, César, Charlemagne, Frédéric-le-Grand, que vous

mettez au-dessus de l'homme qui n'a rapporté d'une campagne commencée à la tête d'un demi-million de soldats ,
que le désespoir de les avoir perdus , et la honte de les
avoir abandonnés (1) ?

Quand vous étiez l'organe de la vérité , quand la pureté
de vos intentions vous servait de guide , vous n'auriez pas,
Monseigneur , avancé les absurdités qui vous échappent dans
ce mandement qui rappelle les homélies de l'Archevêque de
Grenade , et votre défaut de goût ainsi que votre esclavage
ne se seraient pas trahis à chaque pensée. Vous aviez trop
d'adresse alors pour parler légèrement des Russes , précisé-
à une époque qui a mis le comble à leur gloire ; vous n'auriez pas avancé , sans savoir s'il y a le plus léger fondement
à cette assertion , que ces braves troupes , *en se mettant
à la solde des Anglais , ont cru que votre Empereur ne
parviendrait jamais à réorganiser son armée* , parce que
vous auriez senti que ce ne pouvait être que l'opinion absolument contraire , qui les aurait déterminés à prendre de
grandes précautions pour continuer la guerre. Le bons sens
vous aurait dit de ne pas rassembler dans un court espace
des expressions qui se détruisent , de ne pas parler de *la
température glacée d'un pays qui n'a fait que suspendre le
cours de vos victoires* , et de cette *réorganisation* rapide
que votre Empereur est *parvenu* à faire en quatre mois. Un
pareil mot ne serait point échappé jadis à votre plume , ou
du moins un aveu aussi humiliant n'aurait pas été se noyer
dans un océan de phrases boursoufflées , et vous n'auriez

---

(1) Doulcet-de-Pontécoulant , préfet de Bruxelles , chargé de haran-
guer Buonaparte, il y a déjà sept ou huit ans, ne trouva d'autre moyen
que de lui immoler la réputation politique et militaire de César, de
Charlemagne et de Charles-Quint. Le cardinal Maury a été plus expé-
-ditif, et, sans s'arrêter aux détails, il a mis aux pieds de son héros
outes les réputations de l'histoire.

pas imité, dans un discours oratoire , le style de ces bulletins devenus aujourd'hui votre évangile (1).

Vous étiez vrai , Monseigneur, quand vous serviez la cause
de la vérité , et si vous aviez lu alors une déclaration aussi
noble, aussi franche que celle que le maréchal prince Kutu-
soff a faite au nom de son maître en passant la Vistule , vous
n'auriez pas dit: *Ils se sont flattés de nous chasser de l'Allemagne, de transporter même le théâtre de la guerre sur
notre ancien territoire, si nous refusions de subir les lois
que leur arrogance viendrait nous intimer sur les bords du
Rhin*, parce que votre conscience vous aurait crié qu'ils ont
dit précisément tout le contraire. Mais quand on se pas-
sionne de sang-froid, on entasse des expressions sans con-
sistance. Que veut dire ce rêve de gloire qui finit à l'instant *du
réveil et du désenchantement* dans les plaines de Lutzen ?
Prétendez-vous faire croire à vos Parisiens que vous ne savez
pas lire un bulletin, même aussi bien qu'eux ? et celui de
Lutzen en servant de texte à un discours qui a cessé d'être
religieux en passant par votre bouche , vous donne-t-il le plus
léger prétexte de parler de *désenchantement et de réveil ?*

Vous étiez plus adroit, Monseigneur, quand vous atta-
quiez autrefois des questions délicates. Votre mémoire ,
votre vaste érudition se développaient avec adresse , soit que
vous eussiez à peindre ce temps chevaleresque , caractère du
siècle de saint Louis, ou cette rusticité féodale des cours
d'Anne de Bretagne et de Charles VIII (2) ; vous ne confon-

---

(1) Les Français, qui ne sont pas tous des abbés Maury, commencent
par croire à leurs bulletins , et finissent par s'en moquer ; et le reste de
l'Europe , malheureusement, commence par s'en moquer, et finit par
y croire.

(2) Un des plus beaux discours du cardinal Maury à l'assemblée nationale , fut celui qu'il improvisa sur la réunion de la Bretagne à la couronne de France, et sur les priviléges confirmés à cette province par le
contrat de mariage de la duchesse Anne.

diez pas les saisons , les degrés de latitude , les climats , pour dire : *L'âpreté d'une saison précoce avait triomphé de notre armée , toujours victorieuse dans ces lointains et horribles climats;* vous vous seriez souvenu qu'un froid rigoureux à Moscou *au mois de novembre* , n'est point le fruit d'une saison précoce ; vous vous seriez gardé de rappeler un désastre horrible arrivé à vos armées toujours victorieuses , et d'imprimer sur votre discours le cachet de l'ignorance.

Mais où sont ces *quatre mois de prodiges d'un côté, et d'illusions de l'autre ,* dont vous parlez , si ce n'est dans la campagne de 1812 , dont vous n'avez pas l'adresse d'écarter l'attention ? Les quatre mois de prodiges pour la France en 1813 , ne sont que des mois d'aveuglement qui lui coûteront encore bien cher ; c'est pendant ces quatre mois où la tyrannie a exigé plus qu'elle ne pouvait espérer (1) , où la faiblesse a donné plus qu'elle ne pouvait accorder, que les malheureux Français , consultant l'espèce de courage qui leur reste ,

---

(1) La manière dont les nouveaux dons patriotiques viennent d'être obtenus , mérite d'être connue. A l'arrivée du déserteur de l'armée du Nord à Paris , tous les préfets des cent-cinquante départemens reçurent la lettre suivante : «Sa majesté impériale et royale ayant su que l'intention des habitans du département de. . . . était de lui offrir cinq « cents chevaux montés , et tant. . . . de différens ustenciles de campagne , vous aurez à leur en témoigner sa gratitude , et à faire rendre « le tout sous un mois au dépôt qui vous sera indiqué. » Les préfets , abasourdis d'une pareille lettre , n'eurent qu'à écrire la suivante à tous les principaux habitans et gros propriétaires de leurs arrondissemens : « Monsieur, sa majesté impériale et royale ayant été informée de votre « désir de lui offrir deux chevaux de votre écurie , et d'envoyer votre « troisième fils à l'armée , les deux premiers y étant déjà , elle me charge « de vous dire qu'elle approuve votre dévouement , et que vous ayez à « faire parvenir la totalité de vos offres dans la ville de. . . . district « de . . . avant le. . . . du courant : sur ce, elle prie Dieu qu'il « vous ait en sa sainte et digne garde.»

se sont précipités par lâcheté, dans cette carrière où il est de leur destinée d'entrer toujours avec désespoir, et de sortir souvent avec gloire ; (*la trève de l'hiver*) n'a rien réparé, car pendant cette saison, on ne vous a point accordé de trève, à moins que, surpassant l'adulation de tout ce qui rampe aux piéds de votre maître, vous n'admettiez que la campagne de 1812 a fini avec sa désertion de l'armée, ou que vous oubliez que les quatre mois *d'illusion* des Russes ont été employés, après avoir passé sur les corps de vos phalanges toujours victorieuses, à venir des bords du Niémen jusques aux rives de l'Elbe.

Vous parlez de *sucrifices volontaires et d'un noble dévouement*, quand vos journaux sont remplis de moyens pour échapper à la conscription, à la tyrannie ! Ah ! Monseigneur, comparez votre dévouement et vos sacrifices avec ceux de plusieurs gentilhommes de ce pays barbare où l'honneur et le patriotisme ne sont soumis à aucun calcul humain ; vous y verrez d'un côté des Soltikoff, des Demidoff, des Momonoff (1) levant des régimens entiers à leurs frais, et de l'autre un prince de l'église, un archevêque de Paris, un membre du sacré collége, vous enfin, tirant à regret quatre mauvais chevaux de vos écuries pour les immoler sur l'autel de la patrie.

Non, Monseigneur, *Dieu n'a point soufflé, après la bataille de Lutzen, sur cet amas d'ambitieuses chimères*, et

---

(1) Le comte de Soltikoff, fils du maréchal de ce nom, mort depuis à la fleur de son âge, a levé un régiment de hussards, dont les chevaux ont été tirés de ses haras ; et M. le chambellan Demidoff un régiment d'infanterie, ainsi que le jeune comte Momonoff ; ce dernier, âgé de vingt-trois ans, obéissant au plus noble mouvement de patriotisme, écrivit à l'empereur Alexandre pour lui offrir la totalité de sa fortune jusqu'à la fin de la guerre, ne se réservant que dix mille roubles par an, sur plus de deux cent mille, et demandant, n'ayant point été jusqu'à ce jour militaire, à servir comme sous-lieutenaet dans son propre régiment.

ce ne sont pas des nuages de poussière que vous avez eu à combattre à Bautzen, à Weissig, à Wurtzen ; ils ne sont point humiliés ces *conquérans imaginaires*, et ils n'ont point compté légérement sur votre déshonneur en vous chassant de leur patrie ; c'est une conquête bien positive que celle d'anéantir une armée formidable, et d'en poursuivre les débris pendant quatre cents lieues ; les cendres des cadavres de trois cents mille Français servent depuis Moscou jusqu'à Varsovie à tracer la route de ceux que l'on peut appeler à bon droit *les conquérans imaginaires* ; et la fécondité de ces champs attestera encore pendant vingt récoltes la confiance aveugle des malheureux Français, ainsi que la présomption de leur conducteur.

Rendez grâces au Dieu des armées ; appelez votre peuple dans son temple, prosternez-vous à ses pieds, non pas pour célébrer vos victoires, pour y proclamer vos mensonges, mais pour y demander pardon de vos fautes ; complices de celui qui, sans vous, n'aurait pas la puissance de mal faire, pleurez les crimes qui désolent le monde, pleurez l'Espagne en feu, Moscou en cendres, Sarragosse ensevelie sous ses ruines, l'Allemagne dévastée, l'Italie spoliée, la Hollande désolée, la France, la France bien plus malheureuse encore que coupable, étouffant ses sanglots, cachant ses larmes ou plutôt pleurant en silence les enfans qu'ele a perdus. Si à la place des actions de grâce que vous avez eu ordre de rendre au Tout-Puissant, afin d'en imposer davantage au peuple, vous aviez eu dans cette même chaire, à retracer les malheurs du peuple de Dieu, la captivité de Babylone, Sédécias dans les fers, l'impie triomphant, c'est alors que retraçant ce que vous avez sous les yeux, ce que vous entendez à toute heure, vous auriez pu remonter à ces hauteurs dont vous êtes tombé pour jamais ; c'est en faisant le tableau des misères d'un peuple repentant et fidèle, que vous auriez repris ces routes faciles, ces sentiers fleuris que vous suiviez autrefois, tandis que dans les déserts arides où il vous faut aujourd'hui errer, il ne vous reste que des faux pas à faire, du moment où la religion ne marche plus devant vous (1).

En annonçant *vos triomphes encore plus décisifs, aux sages qui savent juger de l'avenir par le présent et lire d'avance dans les grands évènemens toutes les pages glorieuses qu'ils promettent à l'histoire,* vous semblez oublier, ministre du Seigneur, que les sages ne voient dans l'avenir que les décrets de la Providence, et que si cette Providence paraît s'endormir en continuant de châtier l'Europe, son réveil, pour être différé, n'en sera pas moins terrible. Evitant, pour ne flatter que *le fléau de Dieu,* de parler de Dieu lui-même dans son propre temple, vous oubliez à quoi tiennent les destinées des empires ; au lieu d'appeler à vous l'évangile, au lieu d'invoquer ces pères de l'église vos premiers maîtres, vos premiers modèles et les guides de vos premiers talens, sur quelle phrase misérable êtes-vous obligé de vous traîner ? Quelle abnégation de vous-même vous a-t-il fallu faire pour immoler l'orateur au courtisan, l'académicien à l'aumônier de la cour, et descendre jusqu'à répéter les expressions ridicules de la proclamation du 3 mai par Napoléon à ses soldats : *Nous rejetterons ces Tartares dans leurs affreux climats* (2), et vous êtes obligé, dans un discours où vous sem-

---

(1) Rien ne prouve mieux cet argument en faveur de la religion, que le mandement qu'on réfute. . . . Du moment où le cardinal Maury reprend, comme par hasard, le langage d'un orateur sacré, il part de sa plume quelques-uns de ces traits que la flatterie a bientôt émoussés.

(2) Les Tartares ayant vaincu les Chinois, et s'étant principalement établis dans ce vaste empire, il s'ensuivra, d'après les chroniques françaises et le dire du grand historien Napoléon, que l'on certifiera u.i jour, qu'en l'an du Seigneur mil huit cent douze, une invasion des Chinois se croisa à Moscou avec une invasion des peuples de l'ouest de l'Europe, que les Russes (que cela n'intéressait presque pas) ne se mêlèrent pas de cette affaire, et que ce furent les Tartares de l'Asie

blez courir après votre première éloquence , de confondre les Russes, peuples vainqueurs des Tartares il y a trois siècles, avec ces mêmes Tartares chassés de leurs états presqu'avec autant de pertes et d'ignominie que *vos armées toujours victorieuses.*

Si les Russes ont cru , Monseigneur, que vous ne parviendriez jamais à réorganiser une armée , que devient cette apostrophe brillante, dans laquelle vous vous écriez tout-à-coup : *Puissances ennemies de la France, vous avez dénombré nos légions, vous avez calculé toutes les armes qui les composent, mais vous avez oublié d'apprécier le génie extraordinaire de leur chef.* Cette dernière expression , toute politique qu'elle soit dans votre bouche , ne valait pas la peine de vous contredire vous - même. Dans votre bon temps vous n'écriviez pas ainsi , la vérité liait toutes les parties de votre discours ; mais alors vous n'aviez qu'un but , vous l'aperceviez dès votre entrée dans la carrière , et ce n'était pas dans les ténèbres de la honte que vous avanciez à tâtons. Encore une fois, Monseigneur, souffrez que je vous rappelle avec quel soin , que si vous aviez eu à défendre une mauvaise cause, vous auriez évité ce qui pouvait y nuire, et combien vous vous seriez gardé de dire, en parlant de votre héros , que *dans ses marches il est toujours à la tête de ses victorieuses phalanges* (1). Plus adroit, vous n'auriez pas , par cette exagération , ramené la pensée sur cette fuite scan-

---

qui, dignes enfans des Huns leurs ancêtres, chassèrent les descendans des Gaulois. Si les peuples de l'antiquité avaient eu des bulletins, voilà pourtant comme se serait écrite l'histoire !

(1. Quand on parle en France des horreurs de la révolution, on vous dit : Taisez-vous ; nous avons oublié tout cela. Il en est de même de l'armée de 1812 ; si vous en demandez des nouvelles, on ne vous répond rien ; on vous montre sur la carte où sont, en 1813, les phalanges victorieuses. « Tuons toujours , disait Barrère , il n'y a que les morts qui ne « reviennent pas pour se plaindre. »

daleuse, où votre empereur échappant à la surveillance de
ses généraux et à la fureur de son armée, loin d'être à la tête
de ses phalanges victorieuses, s'enfuyait avec son complice
dans un seul traîneau. Plus prudent, sur-tout plus modeste,
vous vous seriez souvenu que les voûtes de ce même temple
avaient retenti jadis des éloges des Condé, des Turenne, et
vous auriez rougi d'entendre leurs échos répéter des louanges semblables, quand il s'agit d'hommes qui sont si peu
semblables entr'eux.

Les Russes ne sont pas encore persuadés, Monseigneur,
*sur la foi de leurs précédentes défaites, qu'obliger votre
héros de se défendre, c'est l'appeler à la victoire;* ils ont
des preuves du contraire. Sans parler de Borodino, où vous
n'avez pas plus couché sur le champ de bataille qu'à Lutzen,
il me semble que Kowno, Krasnoy, la Berezina, Polotsk et
cent combats que je pourrais vous citer, réclament un peu
contre cette assertion mise en avant avec votre confiance
ordinaire. L'expression de *précédentes défaites* est aussi
maladroite que fausse; tout ce qui a précédé Lutzen est une
suite non interrompue de victoires; mais êtes-vous le maître
de choisir vos expressions? Non! le tyran ordonne, la ter-
reur dicte, et l'esclave écrit.

Quand vous improvisiez, Monseigneur, dans cette tribune
aux harangues où vous avez allié tant de fois la force des expressions avec la sévérité du goût, vous ne disiez pas qu'avec
*une promptitude et une sûreté de jugement, on savait im-
proviser une bataille,* vous dédaigniez ces misérables jeux
de mots, ce néologisme, fruit de l'aridité des temps où la
religion a été chassée des domaines de l'éloquence; et les
nobles pensées qui vous absorbaient, ne vous laissaient pas
le loisir de ramasser ces bluettes indignes d'un écrivain tel
que vous.

Monseigneur, en votre qualité de membre de l'académie,
permettez-moi de vous demander qu'est-ce qu'une *inferio-*

rité de cavalerie qui éclaire tout-à-coup une pensée d'une illumination soudaine (1) ? Vous faites une phrase inintelligible, et vous citez Bossuet, vous invoquez, pour ainsi dire, son ombre, et vous ne tremblez pas qu'elle n'apparaisse devant vous. Ah ! si l'aigle de Meaux qui se montra inflexible envers le cygne de Cambrai, se présentait tout-à-coup devant cette chaire où vous louez tout excepté Dieu, que n'aurait-il pas à vous dire ? Prédicateur, il vous reprocherait l'indigne usage que vous faites de la parole sacrée ; sujet fidèle, il vous demanderait quel est l'usurpateur dont vous osez défendre les prétendus droits ; prince de l'église, il vous accablerait de ses foudres, et honnête homme de son mépris.

Oui, Monseigneur, *l'histoire recueillera le résultat mémorable d'une combinaison que le génie militaire a suggérée ;* mais qu'elle en parlera différemment de nous ! Elle ne croira plus aux modernes fables de l'Egypte, elle renverra les bulletins de l'armée du Caire au rang des hiéroglyphes de Memphis, les batailles des Pyramides seront en ruines comme ces vastes tombeaux. Les faits parleront, et parleront seuls quand toutes les passions rentreront dans le silence ; la France dépeuplée, l'Europe couverte de débris, feront l'éloge de vos héros, comme les ruines de Rome et d'Athènes attestent encore l'ignorance des Vandales et la cruauté des Goths.

Quoi, Monseigneur, *vous êtes transporté d'admiration devant l'homme extraordinaire qui elève votre empire à un prodigieux degré de puissance et de gloire,* et c'est sans rougir que vous le dites à des Français ! Vous êtes ministre des autels, archevêque de Paris, et vous préférez avoir l'air

---

(1) La phrase n'est pas absolument ainsi ; on a rapproché deux membres plus éloignés ; mais qu'on la lise dans le texte, et l'on verra que le mot inférorité est le nominatif du verbe éclairer, dont pensée est le régime, ce qui fait un double galimathias.

de croire à la prospérité de vos bulletins plutôt qu'à la misère de vos paroisses. Vos temples retentissent des gémisse-
mens et des prières de ces malheureuses mères qui ne rever-
ront plus leurs fils, de ces vieillards qui ont perdu les sou-
tiens de leur existence; les portes de votre palais sont en-
combrées de pauvres qui, sous vos vertueux prédécesseurs,
y trouvaient toujours un asile, et vous parlez de gloire et de
puissance ! Vous est-il permis d'ignorer cet état de fausse
prospérité dans lequel vos journalistes, vos préfets, les rap-
porteurs de vos conseils, vous-même avez ordre de montrer
la France ? Si vous n'avez pas parcouru les provinces où l'a-
griculture est sans bras, le commerce sans ressort, les pères
sans enfans, les jeunes filles sans époux, descendez de cette
tribune et entrez dans les masures qui vous environnent,
pour jouir de la vraie gloire, de la vraie puissance du tyran
que vous encensez (1). Quand on est dans la chaire de la vérité, ce n'est point aux grands, aux heureux du monde qu'il
faut étaler les faveurs de la fortune ; c'est aux malheureux,
aux infirmes qu'il faut porter la consolation et l'espérance.
Paraphrasez moins ces bulletins pompeux, songez davantage
aux maux dont ils sont la cause, et ne vous étonnez plus
qu'un mortel puisse surmonter tant d'obstacles, *suffire à
tant de devoirs, allier tant d'activité à tant de prévoyance,
tant de sagesse à tant d'impétuosité, tant d'étendue dans
toutes les conceptions à tant de vigilance dans les détails,*
quand les *résultats* de *tant* de victoires, d'alliances, de provinces conquises, de royaumes réunis, est la dépopulation,
la misère et le désespoir.

---

(1) Il y a long-temps qu'on n'ajoute plus aucune foi en France à ces ta-
bleaux de prospérité sans exemple, fabriqués tous les ans dans les bu-
reaux du comte de Montalivet ; mais on y croit par-tout ailleurs, parce
que haïr un pays et le connaître sont deux choses qui malheureusement
ne se ressemblent pas du tout.

Enfin, Monseigneur, après avoir satisfait le besoin de ramper devant l'homme, avant de vous humilier devant Dieu, pour la première fois, vous osez invoquer la religion dans son temple ; *c'est la religion seule*, dites-vous, *qui, en ralliant tous les intérêts des souverains et des sujets, des riches et des pauvres, assure la véritable pompe des fêtes nationales, etc... Sans elles, rien n'est solennel, rien n'est vraiment populaire, rien ne réunit la multitude en une seule famille ;* mais à qui adressez-vous un pareil discours ? Est-ce la religion ou la politique qui appelle dans votre métropole cette cour que vous avez sous les yeux ? Quels droits a-t-elle à remercier la providence, elle qui, l'ouvrage du hasard, n'a jamais réclamé que lui ? Quand Aaron égaré et coupable encensait comme vous le veau d'or, il n'avait pas l'audace d'invoquer le vrai Dieu, qui, pendant ce temps, révélait sa foi à Moïse ; en transgressant la loi, il se gardait d'en rappeler les tables, il ne réunissait pas l'audace à l'impiété.

C'est la religion seule qui rallie les intérêts des sujets fidèles et des souverains légitimes ; mais entre un souverain comme le vôtre et des sujets tels que vous, il n'y a qu'un pacte, celui que l'ambition fait avec la fortune, et d'autres liens que ceux qui attachent au succès. Votre empereur est votre maître, mais votre maître n'a jamais été votre souverain ; l'univers est à ses pieds le lendemain d'une victoire ; à peine lui reste-t-il un serviteur le lendemain d'une défaite. C'est entouré de courtisans couronnés qu'il traverse l'Europe quand cinq cents mille soldats marchent derrière lui, et qu'il vole à des conquêtes ; mais c'est un seul homme qui l'accompagne quand il vient d'être vaincu.

Les hommes ne sont jamais en parfaite communauté de sentimens et d'intérêts que dans les temples, dites-vous.... Oui, quand ils y sont réunis par la foi, quand ils s'y dépouillent des intérêts de ce monde, pour ne songer qu'à ceux d'un avenir auquel ils croient; mais dans cette assemblée aux vertus de laquelle vous proportionnez vos talens et votre langage, où sont, dites-moi, les fidèles auxquels vous vous adressez? Jettez les yeux sur *ces grands* qui vous écoutent, lisez dans les yeux de ces ambitieux qui vous regardent, non-seulement vous fatiguez chacun d'eux des louanges de celui qu'ils détestent, mais vous l'importunez par le récit mensonger d'une victoire qui ne sert qu'à prolonger ses maux. Que voit-il dans le passé? des crimes dont il a recueilli le fruit; dans le présent que voit-il? d'autres crimes qui le font trembler pour ce qu'il possède; et dans l'avenir, encore des crimes qui le dépouilleront de tout ce qu'il a acquis à travers tant de dangers (1).

Quand, dans un discours pastoral, on ambitionne d'être plutôt littérateur que chrétien, il faut avoir du moins le goût assez pur pour n'admettre qu'une seule théologie, et l'on n'invoque point saint Paul après avoir invoqué Napoléon. Il n'appartient qu'à vous et au chantre du poëme de la guerre des dieux, votre digne collègue à l'académie française d'aujourd'hui, de mettre ainsi le disciple de tous les vices en présence de l'apôtre de toutes les vertus, et d'adorer Baal dans le temple du dieu d'Israël.

Mais je laisse, Monseigneur, *la grande ame* de votre grand empereur *jouir des délices de votre amour*, il n'a pas besoin *de vous entendre, d'être témoin de tous les sentimens qu'il vous inspire*, il vous devine; son cœur est fait pour juger le vôtre, et son talent est de vous avoir mis dans une situation où il soit sûr de vous. En vous confiant le premier siége de son empire, la place la plus délicate à occuper, en vous

______

(1) Il y a long-temps que Paris ne prend plus aucun intérêt au succès de toutes ces guerres; ce qu'on y désire, c'est la paix; ce qu'on y craint, c'est ce qui tend à l'éloigner, fût-ce une défaite ou une victoire, peu importe.

abandonnant, pour ainsi dire, la direction des consciences de la capitale, il a dû mesurer votre mérite révolutionnaire à l'importance du poste qu'il vous donnait; pour vous asseoir à la tête du clergé de ses états, il fallait que vous fussiez l'ecclésiastique le plus égaré, le sujet le plus ingrat, le cardinal le plus rebelle, le chrétien le plus loin de toutes les routes de la foi. Vous avez bien des talens, mais vous aviez manqué votre but s'il avait pu trouver un plus coupable. En trahissant l'église gallicane, le pape, le sacré collége, le corps des évêques, en déjouant tous les honnêtes gens de l'univers, vous vous étiez précisément mis à la hauteur où il devait vous chercher et vous prendre. Une faute, une ingratitude, un vice de moins, et mille prétendans avaient des droits au-dessus de vous; mais si vous aviez des compétiteurs dans cette carrière nouvelle, comme dans la première que vous avez parcourue, il vous appartient de n'avoir jamais eu de rivaux (1).

Ah! Monseigneur, quel touchant spectacle que de vous voir, nouveau Mardoché, instruire cette seconde Esther dont les larmes ne sauveront point un jour son peuple des fureurs d'un autre Assuérus! qu'on lui fasse dire que la *conservation de son époux est aussi nécessaire au bonheur de l'empire qu'au bien de l'Europe*, on ne peut pas s'opposer à une pareille naïveté, on n'a que le droit de sourire; mais quand on lui fait ajouter que ce *grand homme* est pareillement *nécessaire à la religion qu'il relève, qu'il est appelé à raffermir, et dont il est le protecteur le plus sincère*, alors il faut se hâter de la plaindre pour éviter de la blâmer..... Pour vous, Monseigneur, vous pouvez la louer, *parler de ses*

____

(1) En parcourant la liste des prétendans au premier rang de félonie dans tout le cours de la révolution, il aurait été permis d'hésiter. L'ingratitude de l'abbé Maury envers le pape Pie VI a emporté la balance; il n'y avait que le serpent qui mord le sein qui vient de le réchauffer qui pût lui disputer une pareille couronne.

douces vertus, de ses principes religieux, vos louanges n'attireront point sur cette malheureuse princesse un mépris que je réserve pour vous ; je professe depuis long-temps respect ou pitié pour les victimes de la politique, et les statues mutilées des dieux reçoivent encore mes hommages. N'eût-elle dans les veines qu'une seule goutte d'un sang précieux, elle suffirait, non pour calmer mon indignation, mais pour arrêter ma plume ; et si, pour vous atteindre, il faut encore la toucher, je préfère vous livrer à la postérité, à vos contemporains, à vous-même, plutôt que de continuer à vous combattre avec vos propres armes (1).

Mais c'est assez reprocher à votre esprit des torts qui n'appartiennent qu'à votre cœur. C'est parce que vous avez dégradé votre existence politique, que vos talens se sont évanouis ; les mêmes conceptions, les mêmes pensées, la même élévation dans les idées renaîtraient, si vous étiez dans cette sphère d'estime et de considération dont vous êtes sorti ; car soutenu par l'opinion, proclamé par la gloire, tout se ressentirait dans votre discours de cette exaltation de l'ame qui nécessairement agrandit les idées ; au lieu de cela, jugé même avant d'avoir parlé, par un peuple qui s'il obéit par nécessité, ne pardonne pas à ceux qui sont venus partager son esclavage, courbé devant une cour dont vous connaissez les vices, forcé de flatter des grands dont vous partagez la bassesse, condamné enfin à louer un tyran dont la faveur

---

(1) Nous ne citerons plus qu'une seule phrase, c'est la dernière. Il fallait bien, comme de raison, qu'un cardinal courtisan terminât son discours par un trait de flatterie envers la régente : *Tant de qualités brillantes sont encore embellies sous le diadème par une piété aussi exemplaire que mesurée, et par l'attrait de ces douces vertus d'autant plus propres à faire aimer ses principes religieux, qu'elles invitent à l'imitation sans forcer l'estime à l'hypocrisie.*

Il est assez remarquable que le mandement du cardinal Maury finisse par le mot *hypocrisie,* et lui serve, sans qu'il s'en doute, de signature.

vous flétrit, et n'ayant à choisir qu'entre le mensonge et l'adulation, votre mandement n'est que ce qu'il peut être.

Les matières électriques sortent de la terre; mais la foudre ne tombe que du ciel. Ce n'est pas dans la chaire de l'église de Notre-Dame de Paris, devant des philosophes sans religion, des princes sans noblesse, des courtisans sans mœurs, un peuple sans piété, qu'un orateur sacré peut retrouver la parole divine; il est des bornes que l'imagination ne saurait franchir, et la vertu, plus qu'on ne pense, a un trône inaccessible. Mais si, au lieu d'être un prélat coupable, un prêtre réprouvé, un apostat de l'église gallicane, vous vous fussiez trouvé tout-à-coup transporté dans le temple d'un peuple religieux et fidèle, au milieu d'une cour digne de servir de cortége à des souverains adorés, vous adressant à la *beauté*, à la vertu, à la modestie couronnées, c'est alors que, purifié par l'atmosphère qui vous aurait environné et rendu à votre gloire, loin de remercier le Dieu des armées, de fermer momentanément les yeux sur des crimes, vous auriez célébré sa bonté, étalé ses bienfaits, exalté sa toute-puissance, et, comme un autre Moïse, les mains levées vers le dieu d'Israël, vous auriez dit : « Le Seigneur a sauvé le peuple qui a cru en sa miséricorde; à sa voix la mer s'est soulevée, les vagues sont restées suspendues; mais sa justice les a enfin laissé retomber, et les phalanges de Pharaon sont restées englouties sous les flots. »

L. M. D. L. M. F.

BIBLIOTHEQUE NATIONALE DE FRANCE
3 7531 03964404 3

www.ingramcontent.com/pod-product-compliance
Lightning Source LLC
Chambersburg PA
CBHW051341050726